AF310735

# REMARQUES

## *VÉRITABLES*

### ET TRÈS REMARQUABLES,

#### *SUR*

### LES AUDIENCES DE THALIE

#### *OU*

### SUR MOLIERE

### A LA NOUVELLE SALLE,

*Avec une Défenfe des Femmes, & des Réflexions fur les Spectacles.*

Par une Femme qui fe fait gloire d'être le Chevalier de fon Sexe, fi fon Efprit n'a pas l'avantage d'en faire l'ornement.

### A BRUXELLES,

Chez BOUBERS, Imprimeur - Libraire.

1782.

# REMARQUES

### *VÉRITABLES*

## ET TRÈS-REMARQUABLES,

### *SUR*

## LES AUDIENCES DE THALIE

### *OU*

## SUR MOLIERE

## A LA NOUVELLE SALLE,

*Avec une Défense des Femmes, & des Réflexions sur les Spectacles.*

UN vers d'Horace, qui rappelle les penſées, les expreſſions, les critiques de cet Auteur, à la tête de celles de la *Société*, qui dit *ſi mal*, du mal des femmes, & de quelques hommes, il faut convenir qu'il n'eſt point adroit de le citer, puiſqu'elle vouloit faire parler ( Muſes & Apollon ) un langage qu'eut trouvé fort étrange la Marchande d'herbes d'Athènes, dont l'oreille délicate fut bleſſée par

A ij

l'accent étranger d'un certain Philofophe : il me femble que c'étoit le plus faillant des fiens qu'il
falloit choifir ; il eut préparé à fongenre, qui
n'eft pas tout - à - fait celui de Molière , *en corps
& en ame* , quoique Molière n'ait pas toujours
été également châtié dans fon ftyle, ni pur dans
fes tableaux ; auffi fon ombre fatiguée, fatigan-
te, conferve à peine une lueur de goût dans une
ou deux tirades ; il faut le lui pardonner, elle arrive
*de l'autre monde*. M. Baptifte, qui s'en apperçoit, a
l'ingénuité de le lui dire : elle y a laiffé ou perdu fon
efprit, fon génie, ce qui ne fait rien à la Société,
qui ne les a ni ravis, ni trouvés, puifqu'elle ne s'eft
pas fait l'honneur de fe les approprier, ni le mérite,
ou plutôt le devoir de les lui rendre.

Il a encore été *pour agréable* à cette Société, de
créer un M. MISOGRAMME, grand *dénigreur* d'efprit, du refte bon homme, à ce qu'il prétend ; pré-
tention, qui ne l'empêche pas, comme Juge, de
déraifonner mille fois plus que ceux & celles que
fa bon-hommie inveƈtive *à tort & à travers*. Il faut
avouer cependant, qu'il ne peut caufer à ceux qui
l'écoutent, l'embaras que fit éprouver certain *domi-
cilié* des Petites-Maifons, à quelqu'un, qui, le ju-
geant fage fur fa mine, accepta l'offre qu'il lui fit
de l'inftruire du genre de folie de ceux qui *giffoient*
dans ce trifte lieu. Après s'être acquitté de fa mif-
fion avec difcernement, tout-à-coup ce guide fi fenfé,
fi doux, entrant chez un Ange, qu'une chaîne,

qu'une grille, empêchoit de retourner au Ciel par la fenêtre, fermant la porte avec violence, s'écria! *ô pour celui-ci, Monsieur, c'est un imposteur, il se dit Gabriel, mais moi, qui suis le Pere Eternel, je sais bien que je ne l'ai point envoyé sur la terre.* M. MISO-GRAMME, qui, sans doute, n'aime pas l'*incognito*, se montre le père Eternel dès la première phrase qu'il prononce, ce qui met fort à son aise.

Un Capitaine CLAQUE, débitant avec assurance le secret de quelques Auteurs, de quelques Actrices, qui se ruinoient pour le *soudoyer*, croit apprendre quelque chose au public, tandis qu'il ne fait que lui répéter, ce qu'on appelle *un secret de Comédie*.

Un VAUDEVILLE, qui se nomme, que Molière ne remet pas, *lui qui, dans ses FACHEUX, l'installa sur la Scène ; apparemment que l'indécence des vers prosaïques de celui-ci le fait méconnoître : mais enfin il devoit le prendre pour le Chantre du Pont-Neuf.* *

Une MUSE DU DRAME. Eh! bon Dieu, quelle Muse! comme elle est tournée! comme elle s'exprime! comme elle écoute les injures qu'on lui adresse! ( toujours comme femme, sans doute ), injures que les Trétaux du Boulevard auroient repoussé, comme infamantes pour leurs Troupes, quoique forcés d'être peu difficiles sur les Pieces qu'ils reçoivent.

Si cet assemblage étoit l'ouvrage d'un seul, *après beaucoup d'autres*, on diroit, cette production, où

* *Voyez Boileau.*

ne respire ni l'usage du monde, ni le savoir, ni la justice ; elle n'a pas été faite par un homme de bien, pas même par un homme bien élevé ; cependant... *on sait qu'il n'est point de si bon cheval qui ne bronche ;* oui : mais toute, toute une Société, voilà ce qui étonne ; & plus cet étonnement est fondé, plus il ordonne de crier *haro* sur les satyriques, lorsqu'ils sortent des bornes prescrites à la méchanceté. Les dards empoisonnés que lance celle-ci, du sein de l'obscurité où elle se cache, n'eurent jamais pour objet de détruire le ridicule ; elle seule l'arme, elle seule le rend dangereux, elle seule est le piedestal où ceux de tous genres, se posent, se choquent & s'exèrcent. La loyauté, qui les désunit, les fronde sans grossiereté, les attaque sans masque ; elle veut, en corrigeant, ramener à la raison, ramener au bonheur ; l'autre a la volonté de blesser ce qui ne lui ressemble pas, & celle de nuire même à ce qui lui ressemble.

Pour défendre la vérité, il ne faut que du respect pour elle ; je puis donc m'enhardir à soutenir ses droits. Quant à ma façon de les apprécier, je la soumettrai toujours à ceux qui, sans démentir leur conscience, qui, sans rougir, peuvent avouer leurs actions, leurs jugements, leurs pensées les plus secrettes ; les autres, mon cœur est assez pur, & j'ai le noble orgueil de croire, qu'il est digne d'exciter leur colère, & d'éprouver les effets de leur haine.

Dans la Préface de *Molière à la nouvelle Salle*, on trouve, Petits farcafmes à M. *Sautreau de Marfy*; les mêmes, fur le Journal du jour; Eloge de la Société, celui d'un M. N... ( *On n'eft jamais trahi que par les fiens* ). Aveux *fans dénombrements*, d'avoir " *grandement profité des lumières d'un autre M. N* »... Celui-ci refufe les louanges de fon affocié; le connoiffoit-il? s'en m'éfioit-il? ou favoit-il fimplement qu'il faut être modefte *quant il n'y a pas de quoi fe vanter?* Comme il vaut mieux écrire d'innocentes gaietés, des articles pour le Nécrologe, que des méchancetés niaifes, quoique indécentes, le tort de ce M. N... c'eft de ne pas s'en être toujours tenu à ces bagatelles. " *Il fait d'arithmétique, tout ce qu'on en peut favoir* ». Il fait donc quelque chofe. Cette perfection peut conduire à s'élever jufqu'à la Géométrie, qui *toifé* les efprits avec la même juftefse, qu'elle mefure la terre. Ceux qui n'ont que très-peu de furface, point de profondeur, qui n'eurent jamais l'à-plomb de l'honnêteté, peuvent redouter fes calculs, qui ne croyent que ce qui eft prouvé; mais peuvent-ils empêcher qu'elle ne procure chaque jour des découvertes précieufes à l'humanité, honorable pour le génie qui s'en occupe? Le chien qui aboie à la lune, fort heureufement pour le voyageur, ne peut obfcurcir la clarté falutaire. Celui qui cherche à ridiculifer un fexe, ainfi que les éléments des arts, des connoiffances, utiles à lui *tout feul*, eft donc fort au-deffous.

A iv

« ..... *Du tas de femmelettes,*
» *Qui veulent s'établir protectrices d'Auteurs* ».

Et le coq chanta; *petit ingrat!*... Par cette fatyre,
peut-être, vous croyez payer leurs bienfaits; *car
enfin,* vous êtes Auteur, M. MISOGRAMME,
très-Auteur, & vous le favez bien, puifque les Difcours que vous avouez, dont vous vous *glorifiez,*
font imprimés, *protégés....* Ah! fi cette preuve,
même flétriffante pour l'ingratitude, n'eft pas la première que vous ayez donné à vos bienfaiteurs, à
vos bienfaitrices, & que vous ne preniez pas la ferme
réfolution de ne pas commettre d'avantage *cet af-
freux péché,* on a le droit, fans que vous puiffiez le
trouver mauvais, de dire avec Orgon, du Tartufe de
Molière :

*Voilà , je vous l'avoue, &c. &c.*

Le Cenfeur qui a approuvé « *le tas de Femmelettes* »,
comme vers, a du le trouver neuf & fort étoffé :
Moi, j'imagine qu'on ne pouvoit mieux adopter les
éprifantes expreffions de ce pauvre M. MISO-
GRAMME, qui cependant eft conféquent à émer-
veiller, lorfqu'il affure qu'il aime mieux « *boire* avec
» *Marguilliers, Chantres & Payfans du Village* »,
que de vivre avec des gens... d'efprit; ceux à qui
il n'en trouve pas, doivent en avoir en raifon de ce
qu'il leur en refufe. Si rendre juftice, eft toujours
une obligation, quelquefois c'eft auffi une grande
jouiffance.

« *Mais que dirons-nous de Madame N. qui nous a*
» *fourni cet heureux refrein que chante le Vaudeville,*
» *en entrant sur la Scène: Turelure lure?* &c. &c ».

Quelqu'habile que vous soyez, dites pis que le
refrein, si vous le pouvez; refrein, au surplus, bien
digne de la Pièce, dont elle a fait deux copies; ce
qui prouve qu'elle n'est pas sans patience, « *& ce*
» *qu'on aura peine à concevoir, sans manquer à l'or-*
» *tographe* », quoiqu'il fallût avoir l'entendement,
furieusement cimenté par l'ignorance, pour ne pas
concevoir qu'une femme puisse apprendre ce que fait

« *Le dernier des Grimauds échappé du collége* »,

qui, plus que la *Société*, ne s'arroge pas le droit de
juger, qui en abuse moins. Cependant, comme les
femmes n'ont point cette ressource de collége, sans
laquelle ceux, qui déclament contre elles, seroient plus
ineptes, encore. L'écrire, cette *orthographe*, sans
faire de fautes grossières, pour elle c'est une sorte
de mérite, que l'extrême correction ne donne pas
à ces Messieurs; j'allois dire *grimauds:* mais il n'est
permis qu'à l'ombre de THALIE, parlant à l'ombre
de MOLIERE, en l'absence de l'ombre de MEL-
POMENE, de s'exprimer comme les Athlètes, que
VADÉ fait combattre. On a blâmé Madame DACIER,
de s'être défendue comme un homme malhonnête;
on a su gré à M. DE LA MOTHE d'avoir parlé comme
une femme polie... Que ne puis-je dire comme
ROXANE!

§ *Et que tout rentre ici dans l'ordre accoutumé.*

Mais il est presque impossible que l'injustice déterminée qui révolte, ne donne un peu de vivacité aux expressions qu'elle inspire ; je veillerai cependant sur les miennes ; &, pour éviter mille réflexions qui pourroient m'autoriser à les moins ménager, je me hâte de demander aux gens *de bien*, ce que signifient ces Epigrammes contre les Femmes ? Epigrammes si répétées par les hommes de mauvaise compagnie, que M. Misogramme, qui ne sait rien, les sait par cœur, comme perroquet sait & dit *oui, oui*. Sans mes résolutions, que d'épithètes se présentent à ma plume ! il faut refuser leurs secours, & se contenter de dire, que de bonnes raisons, *sans orthographe*, que de bonnes raisons, qui n'auroient aucuns *points sur leurs i*, n'en sont pas moins de bonnes raisons ; que des sottises, des impertinences, complétement parachevées, par les points & virgules, ne font que des impertinences, & des sottises avec points & virgules ; qu'applaudir aux unes, tonner sur les autres, voilà le droit, le devoir du Philosophe, qui doit être un Sage ; de l'Homme de Lettres, qui doit être un Philosophe ; les autres sont indignes d'un nom qu'ils ne profanent plus ; ils l'ont dégradé. Lorsque les flammes consumoient le Temple d'Ephèse, croit-on que c'eût été des Artistes, de bons Citoyens, de grands Hommes, qui auroient dessiné, vû, blâmé les formes prises par la fumée qui s'élevoit au-dessus d'elles ? Le ridicule du bel esprit que fait -il à la sensibilité, à la bonne-foi, à l innocence, vers lesquelles il faut ramener les cœurs qui s'en éloignent ? L'Artiste, le Sage, l'Homme de Lettres, le Philosophe, l'honnête Homme, qui ne doivent faire qu'un tout estimable, veulent des mœurs pures, cachent les foiblesses qui ne les blessent pas, examinent la décence des modèles, le sens, l'esprit des Ecrits qui parlent à leurs ames, & ne s'abaissent point à observer l'imperfection des signes qui les tracent à leurs yeux.

Personnalités à M. l'Abbé A . . . . . qui ne fait tort qu'à celui qui se la permet, « *mais ce qu'il ne* » *peut nier, est que si l'Ouvrage n'est pas gai, le* » *Public, qui l'étoit, en a ri beaucoup :*

> » *Vous pouvez lui plaire un moment,*
> » *Et ce n'est pas un grand miracle.* »

( Ombre de MOLIERE. )

Voilà, qui n'est pas plus vrai, que poli: MOLIERE doit savoir que " *sa faveur n'est point inconstante,* c'est le séduire, " *un moment,* qui n'est pas un " *grand miracle;* c'est le frivole avantage qu'obtiendront toujours, en certaines circonstances, des Scènes satyriques, quelques mauvaises qu'elles soient, lorsqu'il peut les enrichir de tout ce qui l'offense. Aussi ce sont ses réflexions, qui finissent par l'égayer, & non les détails de l'Auteur, souvent même celui-ci, l'Acteur qu'il préfére, le Héros qu'il admire, sont les Héros que siffle le Public qu'ils excèdent.

Une Femme penfe, elle écrit, elle en a le droit; droit que la fottife feule a celui de lui nier : mais elle dit que fon fexe n'eft capable de rien ; elle n'a pas celui-là , quoique la fottife le lui donne , qu'il faut qu'il ne fe mêle de rien ; eft-ce ainfi qu'elle peut s'honorer ? eft-ce ainfi qu'elle croit prouver qu'elle-même eft capable de tout ? Affurément elle a tort, d'après la nature qui a doué les ames des mêmes facultés ; facultés que l'éducation modifie à l'infini , mais qu'elle ne détruit pas : où, d'après fes principes, qui ne font pas ceux de FLECHIER, les actions , les difcours, les écrits, doivent former *un accord parfait.* Celui, qui, peut-être, lui a confeillé ce chef-d'œuvre d'inconféquences, comme le brillant effort d'un merveilleux courage , moins perfide , fans doute , que l'Auteur de la Préface , lorfqu'il loue fes Affociés , fait cependant à fes productions, au moins le tort que fit toujours à la médiocrité, à la beauté, la defcription outrée, ou trop régulière de fes traits.

*Si un bon Acteur, des tirades pleines d'efprit, des Vers excellens , des Satyres bien appliquées , ne fuffifent pas à* L'HOMME DANGEREUX, *pour obtenir une forte de fuccès,* comment, LES AUDIENCES DE THALIE ont-elles tant de vogue, ou plutôt font-elles fuivies ? C'eft qu'au premier mot de Femme bel efprit, d'Auteur fans mérite, qu'elles prônent à leurs *toilettes,* tous les Spectateurs placent au bout de leurs lunettes, les Femmes qui déprifent les Femmes , leurs

Admirateurs, les Ecrivains que le fuccès, moins qu'éphémère, de prefque tous leurs Ouvrages, devroit rendre indulgents, & qui, d'un ton fingulier ( s'il n'eft que fingulier ) DE PAR leur fotte vanité, défendent de fentir, & d'écrire. Alors tous rient aux éclats, tous applaudiffent avec tranfport, voudroient pouvoir rire, applaudir davantage, & la *Société* prend ce bruit, l'agitation de ces rofeaux parlants, pour des lauriers, pour des acclamations qui couronnent fes talents. Elle a bien de la bonté.

Si l'aigle produit fes pareils, comme elle, s'ils ne planent dans la région la plus épurée de l'air, que parce qu'ils lui doivent la vie; fi l'oifon doit à fa mère la ftupidité qui le caractérife, & ce cri, pour avoir fauvé le Capitole, qui n'eft pas moins hideux, infupportable, nous, fi nous ne fommes rien, homme aveugle, audacieux autant qu'injufte, qu'êtes vous donc ? Les hommes raifonnables, vos Maîtres, & nos égaux, vont vous l'apprendre; c'eft vous, qui n'êtes rien, vous qui dégradez votre être, vous qui ne pouvez nous avilir que par vos exemples, & quelquefois qui l'avez été par les nôtres; nous connaiffons nos défauts, les hommes fenfés, qui n'en font point exempts, favent que ceux des deux fexes, furent toujours le tort des ufages & des loix qui les gouvernerent, & ne font que plus indignés de vous voir infulter leurs meres, leurs fœurs & leurs filles, enfin, une moitié des nations qu'il faut refpecter, qu'il faut exciter à être tout ce qu'elle doit être, tout ce qu'elle peut être, & favoir que tout ce qu'elle peut, c'eſt tout ce qui eſt poſſible, exactement poſſible, à l'eſprit, au génie, à la vertu; s'il exiſtoit, dans la même eſpéce, une claſſe d'ames inférieures, ce feroit fans doute celle de l'homme qui ſe refuſe à cette évidence, & s'il s'en trouve une (ce que je ne crois pas), celle de la femme, aſſez ignorante pour ne pas connaître la nobleſſe, l'authencité de ſes droits, aſſez vile, pour le ſoumettre à cette impertinente déciſion.

Le crayon, qui vient de tracer la défenſe de mon ſexe, faible, ſi on le compare à la juſtice, à la majeſté de cette cauſe, qui intéreſſe même la Divinité, nous ſommes le dernier ouvrage de ſa création, bienfait dont je n'ai pas abuſé; je ne prétend qu'à l'égalité des ames, des eſprits & des cœurs. Et cette égalité, je la ſoutiendrois.... contre mon orgueil, s'il devenoit jamais aſſez vain pour la diſputer à ſon tour, ce crayon, tout faible qu'il peut être, ſeroit cependant trop prononcé pour ce qui me reſte à dire; il faut donc, non le briſer, que fait-on...... mais le dépoſer, comme le Dictateur dépoſoit le pouvoir ſuprême, lorſqu'il croyoit avoir triomphé des ennemis qui l'avoient fait élire.

Les Journaliſtes ont bien quelques reproches à ſe faire. Quand l'Auteur de la Préface auroit été initié dans leurs myſtères, auroit partagé le tort qu'ils ont de blâmer, d'approuver par complaiſance, par égard, les connoîtroit-il mieux? Cependant ils ſont fort embarraffés ; s'ils font juftice , vous voyez comme on les traite ; mais ils fe raccommoderoient avec le Public , fi, toujours auffi modérés, auffi motivés dans leurs jugements , ils les lui préfentoient comme des réflexions , qui doivent lui être foumifes. Eft-ce que tous les Ecrits poffibles ne reçoivent pas de lui la fanction qui leur donne quelque valeur , ou qui les déprife ?

Le perfonnage le plus coloffal de l'Ombre de Mo-LIERE , M. MISOGRAMME , vient fe plaindre à la *Société*, tandis qu'il doit fe plaindre d'elle : s'il eft fa dupe, il faut le défabufer ; fi c'eft fon ef-prit, il faut le confondre. M. MISOGRAMME, pour écouter la vérité un inftant, laiffez votre humeur , & vos amis ; vous prétendez que vous êtes le meil-leur homme du monde...... que vous aimez à rire , ...... vous n'êtes donc point tel qu'on vous montre fur la fcène ; vous ne penfez donc pas tout ce qu'on vous fait dire. Si vous le penfez , mon cher M. MISOGRAMME , peu s'en faut que vous ne foyez le plus *mauvais* homme de ce monde ; & vous croyez en être le meilleur. Si c'eft ainfi que favez rire, que vous aimez à rire , lorfque cette *maudite rage* vous prendra , il vaudroit beaucoup mieux, M. MISOGRAMME, vous mordre les doigts bien ferrés , que de la fatisfaire.

Vous pardonnez à M. de *** de vous avoir ap-pellé Bourgeois ; mais encore faudroit-il favoir fi vous l'êtes ; s'il vous fait grace , pourquoi recevroit-il votre pardon ? Ramené à fa fignification précife, celui que cette dénomination défigne, fans être encouragé par les mêmes prérogatives, fans avoir droit aux mêmes honneurs, depuis long-temps reçoit de fes pères cet efprit, ces préjugés, cette urbanité, ces vertus, que reçoit de fes ayeux le Noble d'origine, dont il partage les goûts, les plaifirs, quoiqu'il vive dans des occupations différentes. Pour vous, M. MISOGRAMME, fi l'on vous juge d'après ce que vous dites, ce que vous penfez, ce que vous projettez, vous n'êtes que l'égal, le coufin du *Chantre avec qui vous voulez boire*, le neveu du Fermier qui fera votre piquet; fans cette analogie, dans toute la force du premier degré d'une même fouche, vous ne méprileriez pas les Payfans. Les mauvaifes actions feules rendent les hommes méprifables; vous les aimeriez, vous les rendriez heureux, mais vous ne rêveriez pas, même en dormant, que vous pourriez vous plaire avec ces *bonnes gens*, qui s'ennuiroient fort avec vous, s'ils ne fe reffouvenoient de vous avoir vu naître fous leurs toits ruftiques.

Ce qui vous offenfe d'avantage, c'eft que M. de *** ait ofé dire que vous êtes un Mifanthrope; c'eft vous parler bien poliment: voilà, fans doute, ce qui vous fâche; vous auriez voulu qu'on vous eût traité, comme vous traitez les autres, pour que la partie fût égale, & que tout fût dit: mais c'eft plufieurs qui vous font parler; il eft feul, & n'a pas les moyens de vos *Parteneres*. Je fuppofe que vous

favez

favez le *Wisk* auffi bien que le Piquet ; cependant revenons à ce mot de *Mifanthrope,* qui vous défole *fans fujet affurément.* Ne gémiffez plus, M. MISO-GRAMME, calmez-vous ; ne reprenez pas votre gaieté, mais votre tranquillité : véritablement vous reffemblez au Mifanthrope, comme à l'oifeau Mouche ; le Mifanthrope eft un homme d'honneur, très-inftruit, qui hait les vices, qui fuit les hommes, moins parce qu'ils l'ennuient, que parce qu'ils l'ont trompé ; qui donne fon avis en Connoiffeur, lorf-qu'on le lui demande, fur les Vers qu'on lui veut faire admirer ; Vers cependant qui, dans le Royaume des Vers de la *Société,* ne feroient pas *les aveugles Sujets,* mais *les Rois majeftueux* ; qui rougiroient de com-mander à ces *petits Hottentots* ; qui auroient befoin d'être furieufement appropriés pour approcher de leurs Souverains, même *de cent lieues à la ronde.*

Tenez, M. MISOGRAMME, il faut en finir ; *foufflé,* fi ce *n'eft pas jouer,* nier des faits, ce n'eft pas les détruire. Vous demandez où M. de C*** a pris... où il a pris, où il a pris, eh ! mais, *mon Dieu,* c'eft dans la Pièce, dans la Pièce, où vous êtes fi content de votre rôle, *que d'aife, vous ne favez où mettre vos mains*..... dans la Pièce, où l'on voit encore plus clair que le jour, que, plus que qui que ce foit au monde, & aux *Enfers,* per-fonne, plus que vous, oh! M. MISOGRAMME, n'eft *atteint & convaincu de la nue propriété,* " *de la manie* » *d'écrire fans talens, de décider de tout fans rien*

B

» *savoir* ». De-là, vos ordonnances, vos commande-
mens, vos condamnations, vos injures, même.....
même à Mad. MISOGRAMME, comme s'il ne lui
étoit pas permis de croire aux réputations que vous
attaquez, de voir un Aigle où vous voyez une
Taupe, de trouver des talens où vous n'en trouvez
pas, d'aimer ce que vous haïssez, de savoir ce que
vous ne savez point : vous, M. MISOGRAMME,
qui, de votre aveu, ne savez rien, & qui le prouvez
sans interruption ; ce qui fait, alors, de votre dire,
une démonstration à laquelle il n'y a pas à répondre ;
vous, à qui le Ciel refusa toute espèce de sensibilité, puisque vous ne le bénissez pas, ce Ciel, de
ce que M. votre fils ne compose que des Tragédies,
en Rhétorique, de ce que Mademoiselle votre fille,
loin de placer *Racine* au-dessus de *Corneille*, à qua-
torze ans, est capable d'apprécier quelque beauté
de ce Génie créateur de la Scène Françoise.

Allez, M. MISOGRAMME, puisque vous ne versez
pas des larmes de joie, en contemplant tous ces
*avantages paternels*, allez, allez boire avec votre
Chantre ; laissez Mad. MISOGRAMME en paix ;
peut-elle vous envisager sans être humiliée de vous
appartenir ? laissez vos enfans suivre des penchants
dignes de la fortune qui sera leur partage, de leur
éducation : comme ils sauront qu'on ne rit que des
*Pourceaugnac*, des *Orgon*, des *Pernelle*, des *Femmes savantes*, des *Trissotin*, & de leurs pareils ; s'il
leur vient en fantaisie d'être quelque jour des Ori-

ginaux de Théatre, ils feront des *Mifanthropes*, des beaux-Frères, & des Femmes d'Orgon, qui ne font pas rire ; on ne rit point lorfqu'on admire, & qu'on efpère reffembler à ce qu'on admire.

A la fuite de cette Préface, fur le même *a mi la,* paroît une Critique de M. de C***, Critique dont la *Société* auroit dû faire fon profit, ou craindre les applications, d'autant plus impofantes pour elle, qu'elle les mérite bien plus encore. Si M. de C*** fe qualifie d'Homme de Lettres, eft-ce que ceux qui l'ont précédé dans le CHARGÉ, *l'on ne fait pourquoi, de l'article des Spectacles,* ne croyoient pas l'être ? Un reproche plus grave, c'eft d'avoir dit, que LE KAIN jouoit mal *Nicomède* ; malheureufement pour M. de C***, celui qu'il a remplacé, ce qui ne l'excufe pas, lui a donné l'exemple de dénigrer les grands talents, fur-tout ceux de cet Homme célèbre, dont le nom, dans fon genre, comme celui de MOLIERE, dans le fien, font HONNEUR à la France, mais n'en font point L'HONNEUR. N'en déplaife à MELPOMEME, CLIÒ faura lui apprendre, que l'honneur des Nations, c'eft leurs Généraux, leurs Rois, & leurs Légiflateurs.

On cite, de M. de C***, des expreffions qui pouvoient être plus fimples, dire mieux ce qu'il vouloit dire ; mais puifque Molière, en parlant des Auteurs du Siècle, s'exprime ainfi :

« . . . . . . . . . . . . . . . . . . . . »

» *Mais des Mots.*.. *Je ferois cent ans à les comprendre:*
» *Non , je ne fais où diable , ils ont été les prendre.*
» . . . . . . . . . . . . . . . . . . . . . . . .
» *Monotone affemblage , & ténébreux mélange*
    » *Dont on ne les tira jamais ;*
» *C'eft le Cœur & l'Efprit , l'Ame & le Caractère ;*
» *La Nature, l'Honneur, le Devoir , le Myftère* »...

Voilà les mots que MOLIERE n'entend pas, qu'il trouve obfcurs. *Chère Ombre!* vous n'êtes pas même l'ombre de ce que vous avez été. La Mufe du Drame s'égaie à fa façon , fur ces autres mots que MOLIERE lui a laiffés pour fe réjouir. « *Oh Ciel! oh Dieu!* » *grand Dieu! Vertu* »! d'où l'on voit très-véritablement que M. de C*** eut écrit comme Démofthènes, qu'on ne l'auroit pas plus épargné ; il fait dire à Boileau : « *Voilà, je crois, la pomme de* » *difcorde, un cauftique impudent ; conçoit-on qu'on ofe mettre ces plats folécifmes dans la bouche de Boileau ?* Pourquoi donc ne le pas conçevoir? puifqu'on en met de plus grands encore dans celle de THALIE , *beurre , fromage , foin , avoine , œufs ;* eft-ce là ce que doit plaifanter THALIE ? eft-ce là fon langage? MOLIERE doit-il fe permettre de dire au Public :

« *C'eft un fardeau trop lourd , s'il faut qu'ici j'effuie* » *Tous les originaux qui peuplent ce foyer* ».

Cette apoftrophe n'eft point amphibologique ; elle ne peut s'adreffer aux Comédiens , ils ne font que des copies de leurs rôles ; & c'eſt MOLIERE ; MOLIERE, qui a été Acteur, qui oublie que ces originaux ſont ſes ſupérieurs dans ce même foyer, ſes maîtres & ſes juges dans la ſalle : il n'y a de plus inconcevable, que la bonté du Public qui n'a pas hué cette ombre, à qui il falloit rappeller ſes devoirs ; & c'eſt cette Pièce, que le critique de M. de C***, admire, dont il parle, enfin, comme en doit parler, cependant, le Chevalier MISOGRAMME, qui veut faire ſa cour à l'aîné de ſa maiſon, ſans l'éclipſer ; qui, fort éloigné de donner des adjoints à l'eſprit de ſon frère, lui demande juſtice « *d'un homme qui* » *prétend bien la faire à tout le monde, & qui depuis* » *le Pancrace de* MOLIERE, *eſt bien le juge le plus* » *riſible qui ſe ſoit aviſé de régenter les Arts & les* » *Artiſtes* ». Cet homme, M. de C***, eût-il été auſſi coupable que le Chevalier MISOGRAMME, qu'on reconnoît à ſon pinceau de famille, veut le faire entendre. L'indécence avec laquelle il le traite, l'excuſe, le fait plaindre du Public, pallie ſes torts : puiſſe-t-il, lui, ſe les rappeller tels qu'ils ſont, pour mettre, dans ſes déciſions, ces ménagements qui ne peuvent exclure la ſévérité avec laquelle il faut examiner les ouvrages dont on doit rendre compte ; C'eſt alors que M. de C***, ſera reſſouvenir, & qu'on verra avec plus d'indignation encore, que la Société ne lui a reproché ſes travers avec amertume, n'a voulu les lui arracher avec violence, que pour s'en parer après les avoir portés à cette perfection qu'elle feule pouvoit atteindre ; ce qui la rend digne de ces foudres forties de ces Arfenaux.

« *Têtebleu , dans toute la France ,*
» *Il n'eft point affez de fifflets ,*
» *Affez de bonnets d'âne , affez de camoufflets ;*
» *Pour tant de ridicule , & tant d'impertinence ».*

C'eft l'injuftice que je pourfuis ; je ne cherche pas les défauts de la Pièce, dont je ne parle point ( I ) ; auffi, MOLIERE, THALIE & MELPOMENE, peuvent fe faire des compliments à perte d'oüie, fans que je les dérange : compliments, cependant, où il y a bien quelques vers qu'on voudroit qui euffent été faits par ce Chantre de la jolie " *Perruche* », par ce jeune Commis qui *écrit de travers* pour avoir le plaifir de les leur préfenter devant *témoins* ; moi, qui n'ai plus d'humeur dès qu'on n'offenfe perfonne, je *les laiffe paffer*, même fans leur trop faire apper- cevoir qu'ils ne me femblent beaux, *ni par leur ramage, ni par leur plumage.* Si j'étois de race Efpagnole, j'efpérerois être du fang de Dom Quichotte, né fut-ce que du côté gauche ; mais *Allobroge* bien

-----

( I ) Dans le Mercure ( N.º 19 ), il y a un Éloge de cette Pièce, qui eft un *peifflage* bien amer & bien inutile ; c'eft avec des raifons qu'il faut brifer les armes de la mé- chanceté, toujours nuifibles, & avec lefquelles il ne faut jamais plaifanter.

déterminée, & bien avant le temps que *Matha* (1)
croit qu'ils se font *établis en France* : je ne vois parmi
nous aucun ami du bien assez généralement connu »
pour que je daigne me persuader & me glorifier d'en
descendre. Cependant, s'il n'est permis de parler de
soi, que dans une Préface, il faut promptement
revenir à THALIE ; mais ne l'interrompre qu'après
que MELPOMENE a dit à MOLIERE, que les Comédiens aimoient jusqu'à son FAUTEUIL. THALIE :

« *Mais vraiment ce fauteuil en vaut bien quelques autres* » ;

Si la mère *de la Déesse Pluton*, n'apprenoit pas
au plus petit Laboureur, que c'est l'homme qui
fait la terre, la Muse croit - elle apprendre au
Public que tout fauteuil est moins que rien, si l'homme
ne l'honore ; " *elle ne voit personne s'asseoir* dans
» celui de MOLIERE ». Voilà l'injustice qui se
montre, il faut lui disputer le champ de bataille,
& la victoire. Est-ce THALIE, " *à la mine de la-*
» *quelle le rire va si bien* », qui veut, qui doit ne se
point souvenir que le Tuteur dupé mérite que M. de
Cailhava l'occupe toutes les fois qu'on le donne ?
Ses Journalistes, plus comiques, à ce qu'on assure,
que l'ombre de MOLIERE n'est méchante, n'ont
pas laissé de lui fournir quelques traits qu'elle a *gros-*
*soyés*. La cabale du même Auteur, ameutant le
Parterre, pourroit bien être le Prométhée qui a donné

______

(L) *Voyez les Mémoires du Chevalier de Grammont.*

le jour au Capitaine Claque, en préfence de M. N.
Si Racine, Crébillon, Voltaire & Corneille, avoient laiffé des fauteuils, même des
tabourets, toutes les Tragédies modernes n'auroient.
pas eu le droit d'y *fiéger par interim.* Celles, que M. de
Cailhava a trouvées de ce nombre, lui ont inf-
piré des idées très-plaifantes, qui font regretter que
cette Pièce n'ait pas été jouée.

Thalie & Melpomene s'entretiennent enfuite
de ce qui les intéreffent ; elles s'abaiffent jufqu'à jalou-
fer la Famille Pointu. Melpomene s'écrie :
« *c'eft des monftres qu'il faut, au lieu de Tragédies* » !
comme fi la meilleure Tragédie n'avoit pas toujours.
été l'affemblage de quelques monftres & de beaucoup decrimes. Thalie répond :

« *Et des farces, ma fœur, au lieu de Comédies* » ;
jamais on ne les a moins aimées. N'importe, les doctes
fœurs continuent, ne s'entendent plus, croyent ramener vers elles le Public, *toujours* en difant des injures. Moliere, que leur extrême égarement femble
rendre à la raifon, les confole, parle fort bien ;
mais cet éclair d'efprit, de vérité, ne fait qu'é-
blouir & difparoître avec Baptiste ; il ne fait ce
que c'eft qu'un jeu de mots, parce qu'on l'appelle
« *calembour* » ; mais en revanche, il eft très-inftruit
« *du ftyle hâché* par lequel il fe trouve bien *perfifflé* » ;
il prétend que M. Misogramme n'a qu'un peu
d'humeur ; il s'amufe du Vaudeville, il écoute le
perfonnage qui fe dit la Muse du Drame, lorf-

qu'il faudroit l'éloigner de fa préfence avec mépris; il le fait taire, lorfque le touchant d'un récit, qu'il a l'indécence de faire avec dérifion, devroit l'attendrir. Ce n'eft pas tout, c'eft qu'il finit par être auffi injufte, que l'autre eft abfurde lorfqu'il le condamne. Avant que de le prouver, il faut jeter un coup d'œil fur l'origine des Spectacles.

Chez toutes les Nations policées, on donna des fpectacles au Peuple; s'ils peignirent fes mœurs, c'eft qu'ils furent inftitués d'après elles; c'eft que ceux qui les établirent, s'en fervirent comme d'un moyen pour les rendre ce qu'elles devoient être, & ce qu'ils vouloient qu'elles fuffent. Ce moyen fera toujours fuivi des mêmes effets. Son efprit, c'eft de former les hommes pour les Loix qui les gouvernent, pour le temps où ils vivent : ces jeux, ces luttes, ces combats, ces gladiateurs, qui rendirent les Grecs courageux, Sparte belliqueufe, Rome, capable de tout affervir, n'offrent d'abord à notre imagination que des fêtes qu'elle ne regrette pas, des arènes enfanglantées qui la révoltent, fi elle ne fe pénétroit de ce qu'il falloit que fuffent ces Républiques pour ne pas être détruites elles-mêmes par des barbares qu'il falloit dompter, pour leur apprendre qu'ils devoient ceffer de l'être pour leur bonheur & pour leur gloire.

Pourquoi donc notre Peuple n'auroit-il pas fon Spectacle, comme les autres Peuples ont eu le leur? Ce n'eft plus le mépris de la vie, le defir des conquêtes, qu'il faut infpirer ; ce font les devoirs de citoyen qu'il faut lui faire connoître, lui faire aimer; la félicité, qui fuit un amour vertueux ; une bonne conduite dans un ménage qu'elle rend paifible ; la honte de ne pas être rempli de probité , dans quelque profeffion qu'on foit placé ; la fenfibilité qu'il faut avoir pour les maux de fes femblables, ce qui affure qu'on fera fecouru dans les fiens ; combien il eft beau de ne pas faire du mal à ceux qu'on n'aime point, lorfqu'on peut leur en faire ; enfin , tout ce qui peut intéreffer des ames qu'il faut continuellement diriger pour leur rendre facile tout ce qu'elles doivent faire : & quoique dife THALIE , voilà les bons effets que les Théâtres du Boulevard pourroient produire. La crainte de voir par eux diminuer fon opulence , la fait feule déclamer contre les Pièces qu'on y repréfentent. Peuvent-elles l'être d'avantage ? & mêmes font-elles auffi indécentes que le *Médecin malgré lui* , le *Cocu Imaginaire* , *Pourceaugnac* , *Georges Dandin* , & autres de ce genre? Si *Jérôme Pointu* eft amoureux de Jeannette, comme le *Tartuffe* l'eft de *Madame Orgon* , *Boniface* eft un homme de bien ; l'Acteur , qui joue les deux rôles, eft fait pour un autre Théâtre (1), & c'eft

---

(1) *Il n'eft pas le premier qui ait paffé du Théâtre de la Foire à celui des François , où il feroit utile au rôle de Beurette.*

aux Cenfeurs de celui-ci, à n'y recevoir que des *Bonifaces*, à congédier les *Jérômes*, ou du moins à les rendre fages dans leurs amours.

Le Spectacle du Peuple doit être fait pour lui ; la Scène Françoife, qui généralement a d'autres fpectateurs, a d'autres devoirs à faire refpecter, de grandes leçons à donner. Voyons fi elle remplit ces obligations, & ce qu'on apprend à fon école. Des rufes, des perfidies ; à tromper des jaloux, des tuteurs ; tandis qu'il ne faut point tromper, mais favoir que la Loi défend qu'on opprime perfonne. Qu'enfeigne l'*Etourdi* ? Qu'enfeignent les *Fourberies de Scapin* ? *Georges Dandin*, que prouve-t-il ? Qu'avec de l'effronterie, on peut inculper l'honnêteté, lorfqu'il faut apprendre que l'effronterie rend même inexcufables les torts les plus légers. Des Pièces de MOLIERE qui fe jouent, excepté le *Dépit Amoureux*, les *Précieufes Ridicules*, les *Femmes Savantes*, le *Mifanthrope*, il n'en eft aucune qui ne foit fort dangereufe pour les mœurs, comme toutes les Pièces à intrigues. Les fourbes, les frippons, les méchants qu'on eft obligé de faire agir, pour contrafter, peuvent féduire une tête mal organifée, lui donner des idées qu'elle n'auroit jamais eues, rarement affez punis pour effrayer ; & le fuffent-ils, toujours il fera plus fûr de ne pas fournir à la fougue des paffions des armes qui peuvent quelquefois lui être utiles, que de croire que, les comnoiſſant, il ne ſoit point de circonſtances où elles ſe permettent d'en faire uſage.

Ce qu'on appelle *Drames*, qu'on déguiſe dans les Audiences de THALIE, ſous des couleurs qui rendent faibles celles dont ſont *embellies* les parades des *Léandre* & des *Iſabelle*, ſont peut-être les ſeules Pièces où l'on puiſſe éviter ces inconvénients, qui effraieroient, ſi la réflexion ſuivoit la chaîne des maux qu'ils ont pu produire. Il ne faut que choiſir un ſujet honnête, intéreſſant, comme l'action de *M. de Monteſquieu*, lorſqu'il tire d'eſclavage le malheureux *Robert*, qu'il le rend à ſa femme, à ſes enfants. Leur ſurpriſe, leur joie, la délicateſſe du bienfaiteur, qui veut être inconnu; découvert, retrouvé, qui nie ſon bienfait, qui ſe refuſe au charme que devoient avoir pour ſon ame ces mots qu'adreſſoit à la foule qui l'entouroit, le jeune Robert; le jeune Robert, à ſes pieds, fondant en larmes : *mes amis, c'eſt lui, oui, c'eſt lui, qui m'a rendu mon père; joignez-vous à moi pour l'en faire convenir.* MUSE DU DRAME, ſi vous ne reconnoiſſez là, ni vos moyens, ni vos talents, c'eſt que vous n'êtes pas la véritable ; c'eſt que tous les Drames où les Auteurs, les ſujets & les rôles ſeront également purs, eſtimables, ne ſeront ni vous, ni par vous inſpirés, qui dites ſi bien :

« .... *L'horreur, c'eſt ma partie*
» *A moi ; je ne me borne pas*

» *A ces vulgaires attentats*
» *Dont cent fois le Théâtre a revu la peinture :*
» *Meurtre, empoisonnement, parricide, parjure ;*
» *Inceste, trahison ; non, des crimes nouveaux.*

Des crimes nouveaux ! . . . malheureusement pour
l'ombre de Molière , ce ne sont pas les anciens qui
l'épouvantent.

« *Je peins la plaintive misère*
» *Des enfants affamés qui demandent du pain ;*
» *Mourant dans les bras de leur mère ;*
» *Des vieillards expirants au bord d'un grand-chemin !*

Oh ! pour ces crimes-ci , ils excitent son indignation ; l'ombre s'écrie :

« . . . . . . . . . . . . . . . . . . . . . . . . »

» . . . . . *Au Théâtre on n'ira s'assembler*
» *Que pour y voir accumuler,*
» *Dans les plus dégoûtantes scènes ;*
» *L'amas humiliant des misères humaines.*

Ah ! MOLIERE, MOLIERE ! c'est votre déraison
qui montre dans toute sa force ,

« *L'amas humiliant des misères humaines,*
» *Dans leurs plus dégoûtantes scènes.*

» . . . . . . . . . . . . . . . . . . . . . . . . »

» *Vous corrompez sans fruit, la douceur noble & pure ;*
» *D'un plaisir qui fut inventé*
» *Pour consoler des maux que nous fait la Nature.*

« . . . . . . . . . . . . . . . . . . . . . . . . . . . . . . .

» *Si j'y viens pour verſer des pleurs ,*
» *Ce n'eſt pas pour me faire un tourment de mes larmes.*

Et c'eſt la Tragédie qui vous fait verſer des pleurs , ſans tourments ? Eſt-ce *Phèdre* , livrant *Théſée* à d'éternels remords , cauſant le déſeſpoir d'*Aricie* , donnant la mort à l'innocent *Hypolite* ? Eſt-ce *Néron* faiſant mourir le frère d'*Octavie* , à qui appartenoit l'Empire , malgré les prières du vertueux BURRUS ? Eſt-ce même , *Oroſmane , Zaïre , Tancrede* , qu'on voudroit rappeller à la vie ? Enfin , eſt-ce *Mahomet* , ce chef - d'œuvre de l'art & de verſification , attiſant un amour inceſtueux , pour conduire , au parricide , *Seide* qu'il empoiſonne , & qu'il fait expirer ſouillé de ce forfait abominable ? Et c'eſt « *cette* » *douceur noble & pure , qui conſole votre cœur , atten-* » *drit , flétrit par les informes tableaux , & les hideux* » *portraits* » des vieillards , des enfants , mourants dans la miſère , tandis qu'il ne faut que les ſecourir pour éprouver la ſenſation la plus délicieuſe que l'on puiſſe goûter ſur la terre. Que voulez-vous qu'on penſe de ce que fut votre ame , puiſque votre ombre ſe permet de blaſphémer ainſi la raiſon , l'honneur & l'humanité. C'eſt la *Gouvernante , Nanine , le Pere de Famille* , qui font verſer de douces larmes. Voilà les plaiſirs purs qui conſolent , qui inſtruiſent , & non tous « *les crimes politiques* » qu'il ſeroit temps de bannir du Théâtre. Les Grecs , vos modèles., eurent, pour se les transmettre, des raisons d'État qui n'existent point pour vous. A votre place, croyez qu'ils ne vous auroient pas imités si long-tems. Donner des mœurs à votre Peuple, des vertus à votre Noblesse, former des Ministres qui respectent vos droits, ceux des Nations amies ou ennemies, qui n'abusent pas de l'autorité des Rois, qui ne les trompent pas, qui ne leur conseillent que actes de justice, de bienfaisance, des Princes qui aiment leurs Sujets, qui connoissent les droits & les devoirs du Trône. Pour vous procurer ces précieux avantages, que peut l'atrocité des crimes de la famille d'*Agamemnon* ? Il est dans vos Annales des exemples dont vous pourriez les obtenir; quoiqu'en raison des lumières ils ne soient pas aussi prononcés que ceux que l'Empereur prépare pour les siècles qui succéderont au nôtre. La superbe Pièce de Théâtre, que celle où l'on peindra ses voyages, ses fatigues, ses travaux, pour connoître les abus, & les détruire ! Sa bonté, qui, s'inquiétant sur a destinée du dernier homme de son Empire, veut qu'elle soit paisible, heureuse, qui va chercher, jusque dans le silence du Cloître, celui que sa volonté n'y enchaîna pas, lui fait rendre sa liberté, *disant que la religion qui reçoit les offrandes, refuse les victimes :* victimes à qui il assure une honnête subsistance. C'est ainsi qu'on fait respecter le culte, les autels, qu'on est la vivante image de l'Être Suprême, cet attribut des Souverains , & qu'on mérite l'encens de l'univers. Mais voilà ce qu'il faut être , & non des DANAÜS , des ATRÉE , des THYESTE & des MÉNELAS , pour être dignes aujourd'hui des honneurs de la Scène.

*FIN*

www.ingramcontent.com/pod-product-compliance
Ingram Content Group UK Ltd.
Pitfield, Milton Keynes, MK11 3LW, UK
UKHW020129080726
13614UKWH00005B/2134